Rosário dos enfermos

Aparecida Matilde Alves, fsp

Rosário dos enfermos

Paulinas

Editora responsável: Andréia Schweitzer
Equipe editorial

Citações bíblicas: *Bíblia Sagrada*.
Tradução da CNBB. 7. ed., 2008.

1ª edição – 2014
2ª reimpressão – 2024

Nenhuma parte desta obra poderá ser reproduzida ou transmitida por qualquer forma e/ou quaisquer meios (eletrônico ou mecânico, incluindo fotocópia e gravação) ou arquivada em qualquer sistema ou banco de dados sem permissão escrita da Editora. Direitos reservados.

Paulinas
Rua Dona Inácia Uchoa, 62
04110-020 – São Paulo – SP (Brasil)
Tel.: (11) 2125-3500
http://www.paulinas.com.br – editora@paulinas.com.br
Telemarketing e SAC: 0800-7010081

© Pia Sociedade Filhas de São Paulo – São Paulo, 2003

"O rosário é uma breve teologia,
se o consideramos em seu complexo;
é um resumo do catecismo...
Podemos chamá-lo também de
pequena teologia de Jesus e de Maria.
Nele se entrelaçam as verdades da fé,
a vida de Jesus e a vida de Maria."

(Bem-aventurado Tiago Alberione,
fundador da Família Paulina)

Mensagem do Papa Paulo VI

"A vós todos, irmãos que suportais provações, que sois visitados pelo sofrimento sob infinitas formas, a Igreja tem uma mensagem muito especial. [...]

Irmãos muito amados, sentimos repercutir profundamente nos nossos corações de pais e pastores os vossos gemidos e a vossa dor. E a nossa própria dor aumenta ao pensar que não está no nosso poder trazer-vos a saúde corporal nem a diminuição das vossas dores físicas, que médicos, enfermeiros, e todos os que se consagram aos doentes, se esforçam por minorar com a melhor das vontades.

Mas nós temos algo de mais profundo e de mais precioso para vos dar: a única verdade capaz de responder ao mistério do sofrimento e de vos trazer uma consolação sem ilusões: a fé e a união das dores humanas a Cristo, Filho de Deus, pregado na cruz pelas nossas faltas e para a nossa salvação. [...]

Ó vós todos, que sentis mais duramente o peso da cruz, vós que sois pobres e abandonados, [...] vós os desconhecidos da dor, tende coragem: vós sois os preferidos do Reino de Deus, que é o Reino da esperança, da felicidade e da vida; vós sois os irmãos de Cristo sofredor; e com ele, se quereis, vós salvais o mundo.

Eis a ciência cristã do sofrimento, a única que dá a paz. Sabei que não estais sós, nem separados, nem abandonados, nem sois inúteis: vós sois os chamados por Cristo, a sua imagem viva e transparente. Em seu nome, o Concílio vos saúda com amor, agradece, vos assegura a amizade e a assistência da Igreja, e vos abençoa."

Mensagem de Paulo VI aos doentes
e a todos os que sofrem,
na conclusão do Concílio Vaticano II,
em 1965.

ORAÇÕES

Oferecimento

Divino Jesus, eu vos ofereço este Rosário, contemplando os mistérios de nossa redenção. Concedei-me, pela intercessão de Maria, vossa Mãe Santíssima, a quem nos dirigimos, as virtudes que me são necessárias para bem rezá-lo e as graças que me vêm desta santa devoção e de que mais preciso neste momento.

Creio

Creio em Deus Pai, todo-poderoso, criador do céu e da terra. E em Jesus Cristo, seu único Filho, nosso Senhor, que foi concebido pelo poder do Espírito Santo; nasceu da Virgem Maria; padeceu sob Pôncio Pilatos, foi crucificado, morto e sepultado; desceu à mansão dos mortos; ressuscitou ao terceiro dia; subiu aos céus, está sentado à direita de Deus Pai todo-poderoso, de onde há de vir a julgar os vivos e os mortos. Creio no Espírito Santo, na santa Igreja Católica, na comunhão dos santos, na remissão dos pecados, na ressurreição da carne, na vida eterna. Amém.

Pai-Nosso

Pai nosso que estais nos Céus, santificado seja o vosso nome, venha a nós o vosso Reino, seja feita a vossa vontade assim na terra como no Céu. O pão nosso de cada dia nos dai hoje, perdoai-nos as nossas ofensas assim como nós perdoamos a quem nos tem ofendido, e não nos deixeis cair em tentação, mas livrai-nos do mal.

Ave-Maria

Ave, Maria, cheia de graça, o Senhor é convosco, bendita sois vós entre as mulheres e bendito é o fruto do vosso ventre, Jesus. Santa Maria, Mãe de Deus, rogai por nós pecadores, agora e na hora da nossa morte. Amém.

Glória

Glória ao Pai e ao Filho e ao Espírito Santo. Como era, no princípio, agora e sempre. Amém.

Agradecimento

Infinitas graças vos damos, Soberana Rainha, pelos benefícios que todos os dias recebemos de vossas mãos liberais. Dignai-vos, agora e para sempre, tomar-nos debaixo de vosso poderoso amparo, e para mais vos obrigar, saudamo-vos com uma Salve-Rainha…

Salve-Rainha

Salve, Rainha, Mãe de misericórdia, vida, doçura, esperança nossa, salve! A vós bradamos, os degredados filhos de Eva. A vós suspiramos, gemendo e chorando neste vale de lágrimas. Eia, pois, Advogada nossa, esses vossos olhos misericordiosos a nós volvei. E, depois deste desterro, nos mostrai Jesus, bendito fruto do vosso ventre. Ó clemente, ó piedosa, ó doce Virgem Maria. Rogai por nós, Santa Mãe de Deus, para que sejamos dignos das promessas de Cristo.

MISTÉRIOS GOZOSOS
Segunda-feira e sábado

Na Constituição dogmática *Lumen gentium*, lemos que "tal como Cristo... foi enviado pelo Pai 'para anunciar a Boa-Nova aos pobres, para proclamar a libertação aos cativos' (Lc 4,18), 'para procurar e salvar o que estava perdido' (Lc 19,10), de modo semelhante, a Igreja ama todos os angustiados pelo sofrimento humano, reconhece neles a imagem de Jesus, pobre e sofredor, nos pobres e nos que sofrem, esforça-se por aliviar a sua indigência e neles deseja servir a Cristo" (n. 8).

1. Anunciação do anjo Gabriel a Nossa Senhora

Quando Isabel estava no sexto mês, o anjo Gabriel foi enviado por Deus a uma cidade da Galileia, chamada Nazaré, a uma virgem prometida em casamento a um homem de nome José, da casa de Davi. A virgem se chamava Maria. O anjo entrou onde ela estava e disse: "Alegra-te, cheia de graça! O Senhor está contigo". Ela perturbou-se com estas palavras e começou a pensar qual seria o significado da saudação. O anjo, então, disse: "Não tenhas medo, Maria! Encontraste graça junto a Deus. Conceberás e darás à luz um filho, e lhe porás o nome de Jesus. Ele será grande; será chamado Filho do Altíssimo, e o Senhor Deus lhe dará o trono de Davi, seu pai. Ele reinará para sempre sobre a descendência de Jacó, e o seu reino não terá fim". Maria, então, perguntou ao anjo: "Como acontecerá isso, se eu não conheço homem?". O anjo respondeu: "O Espírito Santo descerá sobre ti, e o poder do Altíssimo te cobrirá com a sua sombra. Por isso, aquele que vai nascer será chamado santo, Filho de Deus. Também Isabel, tua parenta, concebeu um filho na sua velhice. Este já é o sexto mês daquela que era chamada estéril, pois para Deus nada é impossível". Maria disse: *"Eis aqui a serva do Senhor! Faça-se em mim segundo a tua palavra".* E o anjo retirou-se de junto dela (Lc 1,26-38).

Reflexão

"O Verbo encarnado veio ao encontro da nossa debilidade, assumindo-a sobre si no mistério da Cruz. A partir de então, todo sofrimento adquiriu uma possibilidade de sentido, que o torna singularmente precioso. Há dois mil anos, desde o dia da Paixão, a Cruz brilha como suprema manifestação do amor que Deus tem por nós. Quem a sabe acolher na sua vida experimenta como o sofrimento, iluminado pela fé, se torna fonte de esperança e de salvação" (João Paulo II, Homilia na missa do Jubileu dos Enfermos, 2000).

Pai-Nosso, 10 Ave-Marias, Glória.

Nossa Senhora da Saúde, rogai por nós.

2. Visita de Maria a sua prima Isabel

Naqueles dias, Maria partiu apressadamente para a região montanhosa, dirigindo-se a uma cidade de Judá. Ela entrou na casa de Zacarias e saudou Isabel. Quando Isabel ouviu a saudação de Maria, a criança pulou de alegria em seu ventre, e Isabel ficou repleta do Espírito Santo. Com voz forte, ela exclamou: "Bendita és tu entre as mulheres e bendito é o fruto do teu ventre! Como mereço que a mãe do meu Senhor venha me visitar? Logo que a tua saudação ressoou nos meus ouvidos, o menino pulou de alegria no meu ventre. Feliz aquela que acreditou, pois o que lhe foi dito da parte do Senhor será cumprido!". Maria então disse: "A minha alma engrandece o Senhor, e meu espírito se alegra em Deus, meu Salvador, porque ele olhou para a humildade de sua serva. Todas as gerações, de agora em diante, me chamarão feliz, porque o Poderoso fez para mim coisas grandiosas. O seu nome é santo, e sua misericórdia se estende de geração em geração sobre aqueles que o temem. Ele mostrou a força de seu braço: dispersou os que têm planos orgulhosos no coração. Derrubou os poderosos de seus tronos e exaltou os humildes. Encheu de bens os famintos, e mandou embora os ricos de mãos vazias. Acolheu Israel, seu servo, lembrando-se de sua misericórdia, conforme prometera a nossos pais, em favor de Abraão e de sua descendência, para sempre". Maria ficou três meses com Isabel. Depois, voltou para sua casa (Lc 1,39-56).

Reflexão

"A Igreja exprime a sua gratidão e o seu apreço pelos serviços abnegados de numerosos sacerdotes, religiosos e leigos comprometidos no campo da assistência à saúde que, intrepidamente, desempenham o seu ministério em favor dos enfermos, dos que sofrem e dos moribundos, haurindo fortaleza e inspiração na sua fé no Senhor Jesus e da imagem evangélica do Bom Samaritano. Além de aludir ao partir do pão, o mandato do Senhor na Última Ceia: 'Fazei isto em memória de mim' refere-se também ao Corpo dado e ao Sangue derramado, que nos foram oferecidos por Cristo (cf. Lc 22,19-20) e, por outras palavras, diz respeito a este dom de Si mesmo pelo próximo. Uma expressão particularmente significativa deste dom pessoal está latente no serviço aos enfermos e a quem sofre. Assim, aqueles que se dedicam a este serviço sempre encontrarão na Eucaristia uma indefectível fonte de força e um estímulo para uma generosidade sempre renovada" (João Paulo II, Mensagem do Dia Mundial do Enfermo, 1999).

Pai-Nosso, 10 Ave-Marias, Glória.
Nossa Senhora da Saúde, rogai por nós.

3. Nascimento de Jesus, na gruta de Belém

Naqueles dias, saiu um decreto do imperador Augusto mandando fazer o recenseamento de toda a terra – o primeiro recenseamento, feito quando Quirino era governador da Síria. Todos iam registrar-se, cada um na sua cidade. Também José, que era da família e da descendência de Davi, subiu da cidade de Nazaré, na Galileia, à cidade de Davi, chamada Belém, na Judeia, para registrar-se com Maria, sua esposa, que estava grávida. Quando estavam ali, chegou o tempo do parto.

Ela deu à luz o seu filho primogênito, envolveu-o em faixas e deitou-o numa manjedoura, porque não havia lugar para eles na hospedaria. Havia naquela região pastores que passavam a noite nos campos, tomando conta do rebanho. Um anjo do Senhor lhes apareceu, e a glória do Senhor os envolveu de luz. Os pastores ficaram com muito medo. O anjo então lhes disse: "Não tenhais medo! Eu vos anuncio uma grande alegria, que será também a de todo o povo: hoje, na cidade de Davi, nasceu para vós o Salvador, que é o Cristo Senhor! E isto vos servirá de sinal: encontrareis um recém-nascido, envolto em faixas e deitado numa manjedoura". De repente, juntou-se ao anjo uma multidão do exército celeste cantando a Deus: "Glória a Deus no mais alto dos céus, e na terra, paz aos que são do seu agrado!". Quando os anjos se afastaram deles, para o céu, os pastores disseram uns aos outros:

"Vamos a Belém, para ver o que aconteceu, segundo o Senhor nos comunicou". Foram, pois, às pressas a Belém e encontraram Maria e José, e o recém-nascido deitado na manjedoura. Quando o viram, contaram as palavras que lhes tinham sido ditas a respeito do menino. Todos os que ouviram os pastores ficavam admirados com aquilo que contavam. Maria, porém, guardava todas estas coisas, meditando-as no seu coração. Os pastores retiraram-se, louvando e glorificando a Deus por tudo o que tinham visto e ouvido, de acordo com o que lhes tinha sido dito (Lc 2,1-20).

Reflexão

"Dirijo-me particularmente às crianças, as criaturas mais frágeis e indefesas, e, entre elas, às crianças doentes e sofredoras. Existem pequenos seres humanos que trazem no corpo as consequências de enfermidades invalidantes, e outros que lutam com males ainda hoje incuráveis, apesar do progresso da medicina e da assistência de válidos investigadores e profissionais no campo da saúde. Há crianças feridas no corpo e na alma, por causa de conflitos e guerras, e outras vítimas inocentes do ódio de pessoas adultas insensatas" (Bento XVI, Mensagem para o Dia Mundial do Enfermo, 2009).

Pai-Nosso, 10 Ave-Marias, Glória.

Nossa Senhora da Saúde, rogai por nós.

4. Apresentação de Jesus no Templo

Quando se completaram os dias da purificação, segundo a lei de Moisés, levaram o menino a Jerusalém para apresentá-lo ao Senhor, conforme está escrito na Lei do Senhor: "Todo primogênito do sexo masculino será consagrado ao Senhor". Para tanto, deviam oferecer em sacrifício um par de rolas ou dois pombinhos, como está escrito na Lei do Senhor. Ora, em Jerusalém vivia um homem piedoso e justo, chamado Simeão, que esperava a consolação de Israel. O Espírito do Senhor estava com ele. Pelo próprio Espírito Santo, ele teve uma revelação divina de que não morreria sem ver o Ungido do Senhor. Movido pelo Espírito, foi ao templo. Quando os pais levaram o menino Jesus ao templo para cumprirem as disposições da Lei, Simeão tomou-o nos braços e louvou a Deus, dizendo: "Agora, Senhor, segundo a tua promessa, deixas teu servo ir em paz, porque meus olhos viram a tua salvação, que preparaste diante de todos os povos: luz para iluminar as nações e glória de Israel, teu povo". O pai e a mãe ficavam admirados com aquilo que diziam do menino. Simeão os abençoou e disse a Maria, a mãe: "Este menino será causa de queda e de reerguimento para muitos em Israel. Ele será um sinal de contradição – uma espada traspassará a tua alma! – e assim serão revelados os pensamentos de muitos corações". Havia também uma profetisa, chamada Ana, filha de Fanuel, da tribo de Aser. Ela era de idade avançada. Quando jovem, tinha sido casada e vivera sete anos com o marido. Depois ficara viúva e agora já estava com oitenta e quatro anos. Não saía do templo; dia e noite servia a Deus com jejuns e orações. Naquela hora, Ana chegou e se pôs a louvar Deus e a falar do menino a todos os que esperavam a libertação de Jerusalém (Lc 2,22-38).

Reflexão

"Não podemos esquecer o número incalculável de menores que morrem por causa da sede, da fome, da carência de assistência à saúde, assim como os pequenos refugiados e prófugos da própria terra com os seus pais, em busca de melhores condições de vida. De todas estas crianças eleva-se um brado silencioso de dor que interpela a nossa consciência de homens e de crentes" (Bento XVI, Mensagem para o Dia Mundial do Enfermo, 2009).

"A comunidade cristã, que não pode permanecer indiferente diante de situações tão dramáticas... A Igreja é a família de Deus no mundo. Nesta família, não deve haver ninguém que sofra por falta do necessário" (Bento XVI, Encíclica *Deus caritas est*, n. 25, b).

Pai-Nosso, 10 Ave-Marias, Glória.

Nossa Senhora da Saúde, rogai por nós.

5. O encontro de Jesus no Templo entre os doutores

Todos os anos, os pais de Jesus iam a Jerusalém para a festa da Páscoa. Quando completou doze anos, eles foram para a festa, como de costume. Terminados os dias da festa, enquanto eles voltavam, Jesus ficou em Jerusalém, sem que seus pais percebessem. Pensando que se en-

contrasse na caravana, caminharam um dia inteiro. Começaram então a procurá-lo entre os parentes e conhecidos. Mas, como não o encontrassem, voltaram a Jerusalém, procurando-o. Depois de três dias, o encontraram no templo, sentado entre os mestres, ouvindo-os e fazendo-lhes perguntas. Todos aqueles que ouviam o menino ficavam maravilhados com sua inteligência e suas respostas. Quando o viram, seus pais ficaram comovidos, e sua mãe lhe disse: "Filho, por que agiste assim conosco? Olha, teu pai e eu estávamos, angustiados, à tua procura!". Ele respondeu: "Por que me procuráveis? Não sabíeis que eu devo estar naquilo que é de meu Pai?". Eles, porém, não compreenderam a palavra que ele lhes falou. Jesus desceu, então, com seus pais para Nazaré e era obediente a eles. Sua mãe guardava todas estas coisas no coração (Lc 2,41-52).

Reflexão

"Aprendei a ver e a encontrar Jesus na Eucaristia, onde Ele está presente de modo real para nós, até se fazer alimento para o caminho, mas sabei reconhecê-lo e servi-lo também nos pobres, nos doentes, nos irmãos sofredores e em dificuldade, que precisam da vossa ajuda. [...] São Bernardo afirma: 'Deus não pode padecer, mas pode compadecer'. Deus, a Verdade e o Amor em pessoa, quis sofrer por nós e conosco; fez-se homem para poder compadecer com o homem, de modo real, em carne e sangue. Em cada sofrimento humano, portanto, entrou Aquele que partilha o sofrimento e a suportação; em cada sofrimento difunde-se a consolação do amor participativo de Deus para fazer surgir a estrela da esperança" (Bento XVI, Carta encíclica *Spe salvi*, 4.39).

Pai-Nosso, 10 Ave-Marias, Glória.

Nossa Senhora da Saúde, rogai por nós.

MISTÉRIOS LUMINOSOS
Quinta-feira

"Jesus, Médico divino, 'passou de lugar em lugar, fazendo o bem e curando a todos' (At 10,38). O sofrimento humano tem sentido e é plenamente esclarecido no mistério da sua vida, paixão, morte e ressurreição. Na Última Ceia, antes de voltar para o Pai, o Senhor Jesus inclinou-se para lavar os pés aos Apóstolos, antecipando o supremo ato de amor da Cruz. Com este gesto, convidou os seus discípulos a entrarem na sua mesma lógica do amor que se entrega, especialmente aos mais pequeninos e aos necessitados (cf. Jo 13,12-17). Seguindo o seu exemplo, cada cristão é chamado a reviver, em contextos diferentes e sempre novos, a parábola do bom Samaritano que, passando ao lado de um homem abandonado meio morto pelos salteadores na margem da estrada, 'vendo-o, encheu-se de piedade. Aproximou-se, atou-lhe as feridas, deitando nelas azeite e vinho, colocou-o sobre a sua própria montaria, levou-o para uma estalagem e cuidou dele. No dia seguinte, tirando dois denários, deu-os ao estalajadeiro, dizendo: 'Trata bem dele, e o que gastares a mais, pagar-te-ei quando voltar (Lc 10,33-35)" (Bento XVI, Mensagem para o Dia Mundial do Enfermo, 2010).

1. O Batismo de Jesus no rio Jordão

Naqueles dias, Jesus veio de Nazaré da Galileia e foi batizado por João, no rio Jordão. Logo que saiu da água, viu o céu rasgar-se e o Espírito, como pomba, descer sobre ele. E do céu veio uma voz: "Tu és o meu Filho amado; em ti está o meu agrado" (Mc 1,9-11).

Reflexão

"Dado que a criança doente pertence a uma família, que compartilha o seu sofrimento muitas vezes com graves impedimentos e dificuldades, as comunidades cristãs não podem deixar de assumir a responsabilidade de ajudar também os núcleos familiares atingidos pela enfermidade de um filho ou de uma filha. Segundo o exemplo do 'Bom Samaritano', é necessário debruçar-se sobre as pessoas tão arduamente provadas e oferecer-lhes o sustento de uma solidariedade concreta... criando no seu interior um clima de serenidade e de esperança, e fazendo sentir ao seu redor uma família de irmãos e irmãs mais vasta em Cristo... Isto pressupõe um amor abnegado e generoso, reflexo e sinal do amor misericordioso de Deus, que nunca abandona os seus filhos na prova, mas sempre lhes oferece recursos admiráveis de coração e de inteligência para serem capazes de enfrentar adequadamente as dificuldades da vida" (Bento XVI, Mensagem para o Dia Mundial do Enfermo, 2009).

Pai-Nosso, 10 Ave-Marias, Glória.

Nossa Senhora da Saúde, rogai por nós.

2. Primeiro milagre de Jesus nas bodas de Caná

No terceiro dia, houve um casamento em Caná da Galileia, e a mãe de Jesus estava lá. Também Jesus e seus discípulos foram convidados para o casamento. Faltando o vinho, a mãe de Jesus lhe disse: "Eles não têm vinho!". Jesus lhe respondeu: "Mulher, para que me dizes isso? A minha hora ainda não chegou". Sua mãe disse aos que estavam servindo: "Fazei tudo o que ele vos disser!". Estavam ali seis talhas de pedra, de quase cem litros cada, destinadas às purificações rituais dos judeus. Jesus disse aos que estavam servindo: "Enchei as talhas de água!". E eles as encheram até à borda. Então disse: "Agora, tirai e levai ao encarregado da festa". E eles levaram. O encarregado da festa provou da água mudada em vinho, sem saber de onde viesse, embora os serventes que tiraram a água o soubessem. Então chamou o noivo e disse-lhe: "Todo mundo serve primeiro o vinho bom e, quando os convidados já beberam bastante, serve o menos bom. Tu guardaste o vinho bom até agora". Este início dos sinais, Jesus o realizou em Caná da Galileia. Manifestou sua glória, e os seus discípulos creram nele. Depois disso, Jesus desceu para Cafarnaum, com sua mãe, seus irmãos e seus discípulos. Lá, permaneceram apenas alguns dias (Jo 2,1-12).

Reflexão

"O compromisso incessante ao serviço dos doentes constitui um testemunho eloquente de amor pela vida humana, em particular pela vida de quem é fraco e dependente dos outros em tudo e para tudo... A Igreja proclama incessantemente: a vida humana é bela e deve ser vivida plenamente, mesmo quando é frágil e envolvida pelo mistério do sofrimento. É para Jesus crucificado que devemos dirigir o nosso olhar: morrendo na cruz Ele quis compartilhar a dor de toda a humanidade" (Bento XVI, Mensagem para o Dia Mundial do Enfermo, 2009).

Pai-Nosso, 10 Ave-Marias, Glória.

Nossa Senhora da Saúde, rogai por nós.

3. Anúncio do Reino de Deus e convite à conversão

Completou-se o tempo, e o Reino de Deus está próximo. Convertei-vos e crede na Boa-Nova (Mc 1,15).

Reflexão

"O Sacramento da Penitência esteve com frequência no centro da reflexão dos Pastores da Igreja, precisamente devido à sua grande importância no caminho da vida cristã, uma vez que 'toda a eficácia da Penitência consiste em restituir-nos a graça de Deus e unir-nos a Ele numa amizade perfeita' (Catecismo da Igreja Católica, 1.468). Dando continuidade ao anúncio de perdão e de reconciliação feito ressoar por Jesus, a Igreja não cessa de convidar a humanidade inteira a converter-se e a crer no Evangelho. Ela faz seu o apelo do apóstolo Paulo: 'Suplicamo-vos, em nome de Jesus Cristo: deixai-vos reconciliar com Deus' (2Cor 5,20). Ao longo da sua vida, Jesus anuncia e torna presente a misericórdia do Pai. Ele veio não para condenar, mas para perdoar e salvar, para incutir esperança também na obscuridade mais profunda do sofrimento e do pecado, para conceder a vida eterna; deste modo, no Sacramento da Penitência, na 'medicina da confissão', a experiência do pecado não degenera em desespero, mas encontra o Amor que perdoa, transforma e cura" (João Paulo II, Exortação Apostólica pós-sinodal *Reconciliatio et paenitentia*, 31).

Pai-Nosso, 10 Ave-Marias, Glória.

Nossa Senhora da Saúde, rogai por nós.

4. A Transfiguração de Jesus

Jesus levou consigo Pedro, Tiago e João, seu irmão, e os fez subir a um lugar retirado, numa alta montanha. E foi transfigurado diante deles: seu rosto brilhou como o sol e suas roupas ficaram brancas como a luz. Nisto apareceram-lhes Moisés e Elias, conversando com Jesus. Pedro, então, tomou a palavra e lhe disse: "Senhor, é bom ficarmos aqui. Se queres, vou fazer aqui três tendas: uma para ti, uma para

Moisés e outra para Elias". Ainda estava falando, quando uma nuvem luminosa os cobriu com sua sombra. E, da nuvem, uma voz dizia: "Este é o meu filho amado, nele está meu pleno agrado: escutai-o!". Ouvindo isto, os discípulos caíram com o rosto em terra e ficaram muito assustados. Jesus se aproximou, tocou neles e disse: "Levantai-vos, não tenhais medo". Os discípulos ergueram os olhos e não viram mais ninguém, a não ser Jesus. Ao descerem da montanha, Jesus recomendou-lhes: "Não faleis a ninguém desta visão, até que o Filho do Homem tenha ressuscitado dos mortos". Os discípulos perguntaram a Jesus: "Por que os escribas dizem que primeiro deve vir Elias?". Ele respondeu: "Sim, Elias vem; e porá tudo em ordem. E eu vos digo mais: Elias já veio, e não o reconheceram. Pelo contrário, fizeram com ele tudo o que quiseram. Assim também o Filho do Homem será maltratado por *eles". Então os discípulos compreenderam que ele lhes havia falado de João Batista* (Mt 17,1-13).

Reflexão

"A fim de descobrir o significado fundamental e definitivo do sofrimento, devemos voltar a nossa atenção para a revelação do amor divino, fonte última do sentido de tudo aquilo que existe. A resposta à interrogação acerca do significado do sofrimento foi dada por Deus ao homem na Cruz de Jesus Cristo. 'O sofrimento, consequência do pecado original, adquire um novo significado; torna-se uma partilha na obra salvífica de Jesus Cristo' (cf. Catecismo da Igreja Católica, 1521). Através do seu sofrimento na Cruz, Cristo derrotou o mal e torna-nos, também a nós, capazes de vencê-lo. O nosso sofrimento adquire um significado precioso se for unido ao seu. Como Deus e homem, Cristo assumiu sobre si mesmo os sofrimentos da humanidade e nele a própria dor humana adquire um sentido redentor.

Pai-Nosso, 10 Ave-Marias, Glória.

Nossa Senhora da Saúde, rogai por nós.

5. Instituição da Eucaristia

Enquanto estavam comendo, Jesus tomou o pão, pronunciou a bênção, partiu-o e lhes deu, dizendo: "Tomai, isto é o meu corpo". Depois, pegou o cálice, deu graças, passou-o a eles, e todos beberam. E disse-lhes: "Este é o meu sangue da nova Aliança, que é derramado por muitos. Em verdade, não beberei mais do fruto da videira até o dia em que beberei o vinho novo no Reino de Deus" (Mc 14,22-25).

Reflexão

"Jesus não só purificou e curou os enfermos, mas foi também um incansável promotor da saúde através da sua presença salvífica, do ensinamento e da ação... Ele comovia-se diante da beleza da natureza, sensibilizava-se diante do sofrimento dos homens e combatia o mal e a injustiça. Enfrentava os aspectos negativos da experiência com coragem e sem ignorar o seu peso, comunicando a certeza de um mundo novo... Ele quer comunicar esta harmoniosa plenitude de vida aos homens de hoje: 'Vim para que tenham vida, e a tenham em abundância' (Jo 10,10). Nestes anos também eu compartilhei várias vezes a experiência da enfermidade e compreendi cada vez mais claramente o seu valor para o meu ministério petrino e para a própria vida da Igreja... Só quando se olha para Jesus, 'Homem do sofrimento e experimentado na dor' (Is 53,3), é possível encontrar serenidade e confiança diante do sofrimento" (João Paulo II, Mensagem para o Dia Mundial do Enfermo, 2000).

Pai-Nosso, 10 Ave-Marias, Glória.
Nossa Senhora da Saúde, rogai por nós.

MISTÉRIOS DOLOROSOS
Terça e sexta-feira

Na Carta Apostólica *Salvifici doloris*, o Papa João Paulo II usa palavras iluminadoras: "O sofrimento humano atingiu o seu vértice na paixão de Cristo; e, ao mesmo tempo, revestiu-se de uma dimensão completamente nova e entrou numa ordem nova: ele *foi associado ao amor*... àquele amor que cria o bem, tirando-o mesmo do mal, tirando-o por meio do sofrimento, tal como o bem supremo da Redenção do mundo foi tirado da Cruz de Cristo e nela encontra perenemente o seu princípio. A Cruz de Cristo tornou-se uma fonte, da qual brotam rios de água viva" (n. 18).

1. Oração e agonia de Jesus no monte das Oliveiras

Jesus saiu e, como de costume, foi para o monte das Oliveiras. Os discípulos o acompanharam. Chegando ao lugar, Jesus lhes disse: "Orai para não cairdes em tentação". Então afastou-se dali, à distância de um arremesso de pedra, e, de joelhos, começou a orar. "Pai, se quiseres, afasta de mim este cálice; contudo, não seja feita a minha vontade, mas a tua!". Apareceu-lhe um anjo do céu, que o fortalecia. Entrando em agonia, Jesus orava com mais insistência. Seu suor tornou-se como gotas de sangue que caíam no chão. Levantando-se da oração, Jesus foi para junto dos discípulos e encontrou-os dormindo, de tanta tristeza. E perguntou-lhes: "Por que estais dormindo? Levantai-vos e orai, para não cairdes em tentação" (Lc 22,39-46).

Reflexão

O encontro de Jesus com os dez leprosos, narrado no Evangelho de Lucas (cf. Lc 17,11-19), de maneira particular as palavras que o Senhor dirige a um deles: 'Levanta-te e vai, a tua fé te salvou!' (v. 19), ajudam a tomar consciência acerca da importância da fé para aqueles que, angustiados pelo sofrimento e pela enfermidade, se aproximam do Senhor. No encontro com Ele, podem experimentar realmente que, quantos acreditam, nunca estão sozinhos! Com efeito, no seu Filho, Deus não nos abandona às nossas angústias e sofrimentos, mas está próximo de nós, ajuda-nos a suportá-los e deseja curar profundamente o nosso coração (cf. Mc 2,1-12).

Pai-Nosso, 10 Ave-Marias, Glória.

Nossa Senhora da Saúde, rogai por nós.

2. Flagelação de Jesus

Logo de manhã, os sumos sacerdotes, com os anciãos, os escribas e o sinédrio inteiro, reuniram-se para deliberar. Depois, amarraram Jesus, levaram-no e o entregaram a Pilatos. Pilatos interrogou-o: "Tu és o Rei dos Judeus?". Jesus respondeu: "Tu o dizes". Os sumos sacerdotes faziam muitas acusações contra ele. Pilatos perguntou de novo: "Não respondes nada? Olha de quanta coisa te acusam!". Jesus, porém, não respondeu nada, de modo que Pilatos ficou admirado. Por ocasião da festa, Pilatos costumava soltar um preso que eles mesmos pedissem. Havia ali o chamado Barrabás, preso com amotinados que, numa rebelião, cometeram um homicídio. A multidão chegou e pediu que Pilatos fizesse como de costume. Pilatos respondeu-lhes: "Quereis que eu vos solte o Rei dos Judeus?". Ele sabia que os sumos sacerdotes o tinham entregue por inveja. Os sumos sacerdotes instigaram a multidão para que, de preferência, lhes soltasse Barrabás. Pilatos tornou a perguntar: "Que quereis que eu faça, então, com o Rei dos Judeus?". Eles gritaram: "Crucifica-o!". Pilatos lhes disse: "Que mal fez ele?". Eles, porém, gritaram com mais força: "Crucifica-o!". Pilatos, querendo satisfazer a multidão, soltou Barrabás, mandou açoitar Jesus e entregou-o para ser crucificado (Mc 15,1-15).

Reflexão

"Vendo-se purificado, um único leproso, cheio de admiração e de alegria, contrariamente aos demais, vai imediatamente até Jesus para lhe manifestar o próprio reconhecimento, deixa entrever que a saúde readquirida é sinal de algo mais precioso do que a simples cura física, pois constitui um sinal da salvação que Deus nos concede através de Cristo; ela encontra expressão nas palavras de Jesus: a tua fé te salvou! Quem, no seu próprio sofrimento e enfermidade, invoca o Senhor, está convicto de que o seu amor nunca o abandona, e que também o amor da Igreja, prolongamento no tempo da sua obra salvífica, jamais desfalece. A cura física, expressão da salvação mais profunda, revela a importância da pessoa humana para o Senhor" (Bento XVI, Homilia de 1º de abril de 2010).

Pai-Nosso, 10 Ave-Marias, Glória.
Nossa Senhora da Saúde, rogai por nós.

3. Jesus é coroado de espinhos

Os soldados do governador levaram Jesus ao pretório e reuniram todo o batalhão em volta dele. Tiraram-lhe a roupa e o vestiram com um manto vermelho; depois trançaram uma coroa de espinhos, puseram-na em sua cabeça, e uma vara em sua mão direita. Então se ajoelharam diante de Jesus e zombavam, dizendo: "Salve, rei dos judeus!". Cuspiram nele e, pegando a vara, bateram-lhe na cabeça (Mt 27,27-30).

Reflexão

"Meu apelo, queridos irmãos enfermos e sofredores, constitui uma renovada exortação a contemplardes o rosto de Cristo que, há dois mil anos, se fez carne para redimir o homem. Irmãos e irmãs, proclamai e testemunhai o Evangelho da Vida e da esperança com generosa disponibilidade. Anunciai que Cristo é conforto para quantos vivem na angústia e na dificuldade; é força para quem vive momentos de cansaço e de vulnerabilidade; é auxílio para aqueles que trabalham apaixonadamente em vista de assegurar melhores condições de vida e de saúde para todos. Confio-vos a Maria, Mãe da

Igreja, Mãe da humanidade. A Virgem da Consolação faça sentir a proteção materna a todos os seus filhos que vivem na provação; vos ajude a testemunhar ao mundo a ternura de Deus e vos torne ícones vivos do seu Filho" (João Paulo II, Mensagem para o Dia Mundial do Enfermo, 2001).

Pai-Nosso, 10 Ave-Marias, Glória.

Nossa Senhora da Saúde, rogai por nós.

4. Subida dolorosa de Jesus ao Calvário

Enquanto levavam Jesus, pegaram um certo Simão, de Cirene, que voltava do campo, e mandaram-no carregar a cruz atrás de Jesus. Seguia-o uma grande multidão do povo, bem como de mulheres que batiam no peito e choravam por ele. Jesus, porém, voltou-se para elas e disse: "Mulheres de Jerusalém, não choreis por mim! Chorai por vós mesmas e por vossos filhos! Porque dias virão em que se dirá: *'Felizes as estéreis, os ventres que nunca deram à luz e os seios que nunca amamentaram'. Então começarão a pedir às montanhas: 'Caí sobre nós!', e às colinas: 'Escondei-nos!'. Pois, se fazem assim com a árvore verde, o que não farão com a árvore seca?" Levavam também dois malfeitores para serem executados com ele* (Lc 23,26-32).

Reflexão

"Deus, 'rico de misericórdia' (Ef 2,4), como o pai do filho pródigo (cf. Lc 15,11-32), não fecha o coração a nenhum dos seus filhos, mas espera por eles, os procura e alcança onde a rejeição da comunhão aprisiona no isolamento e na divisão, chamando-os a reunir-se ao redor da sua mesa, na alegria da festa do perdão e da reconciliação. O momento do sofrimento pode transformar-se em tempo de graça para voltar a si mesmo e reconsiderar a própria vida, reconhecendo os próprios erros e fracassos, sentindo a saudade do abraço do Pai e repercorrendo o caminho rumo à sua Casa" (Bento XVI, Mensagem para o Dia Mundial do Enfermo, 2012).

Pai-Nosso, 10 Ave-Marias, Glória.

Nossa Senhora da Saúde, rogai por nós.

5. Crucifixão e morte de Jesus

Às três da tarde, Jesus gritou com voz forte: "Eloí, Eloí, lemá sabactâni?" – que quer dizer "Meu Deus, meu Deus, por que me abandonaste?". Alguns dos que estavam ali perto, ouvindo-o, disseram: "Vede, ele está chamando por Elias!". Alguém correu e ensopou uma esponja com vinagre, colocou-a na ponta de uma vara e lhe deu de beber, dizendo: "Deixai! Vejamos se Elias vem tirá-lo da cruz. Então Jesus deu um forte grito e expirou. Nesse mesmo instante, o véu do Santuário rasgou-se de alto a baixo, em duas partes.

Quando o centurião, que estava em frente dele, viu que Jesus assim tinha expirado, disse: "Na verdade, este homem era Filho de Deus!" (Mc 15,34-39).

Reflexão

"A Maria, Mãe de Misericórdia e Saúde dos Enfermos, elevemos o nosso olhar confiante e a nossa prece. Sua compaixão materna, vivida ao lado do Filho agonizante na Cruz, acompanhe e sustenha a fé e a esperança de cada pessoa enferma e sofredora ao longo do caminho de cura das feridas do corpo e do espírito. Aos pés da Cruz realiza-se para Maria a profecia de Simeão: o seu Coração de Mãe é trespassado (cf. Lc 2,35). Do abismo da sua dor, participação no sofrimento do Filho, Maria tornou-se capaz de assumir a nova missão: tornar-se a Mãe de Cristo nos seus membros. Na hora da Cruz, Jesus apresenta-lhe cada um dos seus discípulos, dizendo-lhe:

'Eis o teu filho'. A compaixão materna para com o Filho torna-se compaixão materna para cada um de nós nos nossos sofrimentos cotidianos" (cf. Bento XVI, Homilia em Lourdes, 15 de setembro de 2008).

Pai-Nosso, 10 Ave-Marias, Glória.

Nossa Senhora da Saúde, rogai por nós.

MISTÉRIOS GLORIOSOS

Quarta-feira e domingo

A propósito dos Sacramentos de cura – Penitência e Unção dos Enfermos –, santo Agostinho afirma: "Deus cura todas as tuas enfermidades. Portanto, não temas: 'todas as tuas enfermidades serão curadas… Tu só deves permitir que Ele te cure e não deves rejeitar a sua mão" (Exposição sobre o Salmo 102,5).

Trata-se de meios preciosos da Graça de Deus, que ajudam o doente a conformar-se cada vez mais plenamente com o Mistério da Vida, Morte e Ressurreição de Cristo.

Juntamente com estes dois Sacramentos, sublinhamos também a importância da Eucaristia.

Recebida no momento da doença, ela contribui, de maneira singular, para realizar essa transformação, associando a pessoa que se alimenta do Corpo e do Sangue de Jesus à oferenda que Jesus fez de si mesmo ao Pai, para a salvação de todos.

1. Ressurreição de Jesus

Ao raiar o primeiro dia da semana, Maria Madalena e a outra Maria foram ver o sepulcro. De repente, houve um grande terremoto: o anjo do Senhor desceu do céu e, aproximando-se, removeu a pedra e sentou-se nela. Sua aparência era como um relâmpago, e suas vestes, brancas como a neve. Os guardas ficaram com tanto medo do anjo que tremeram e ficaram como mortos. Então o anjo falou às mulheres: "Vós não precisais ter medo! Sei que procurais Jesus, que foi crucificado. Ele não está aqui! Ressuscitou, como havia dito! Vinde ver o lugar em que ele estava. Ide depressa con-

tar aos discípulos: Ele ressuscitou dos mortos e vai à vossa frente para a Galileia. Lá o vereis. É o que tenho a vos dizer". E saindo às pressas do túmulo, com sentimentos de temor e de grande alegria, correram para dar a notícia aos discípulos. Nisso, o próprio Jesus veio-lhes ao encontro e disse: "Alegrai-vos!". Elas se aproximaram e abraçaram seus pés, em adoração. Jesus lhes disse: "Não tenhais medo; ide anunciar a meus irmãos que vão para a Galileia. Lá me verão" (Mt 28,1-10).

Reflexão

"A conformação com o Mistério pascal de Cristo, realizada também mediante a prática da Comunhão espiritual, adquire um significado totalmente particular, quando a Eucaristia é administrada e acolhida como viático. Naquele momento da existência ressoam de modo ainda mais incisivo as palavras do Senhor: 'Quem come a minha carne e bebe o meu sangue tem a vida eterna, e eu ressuscitá-lo-ei no último dia' (Jo 6,54). Com efeito, a Eucaristia é – segundo a definição de santo Inácio de Antioquia – 'remédio de imortalidade, antídoto contra a morte', sacramento da passagem da morte para a vida, deste mundo para o Pai, que a todos espera na Jerusalém celeste" (Bento XVI, Mensagem para o Dia Mundial do Enfermo, 2012).

Pai-Nosso, 10 Ave-Marias, Glória.

Nossa Senhora da Saúde, rogai por nós.

2. Ascensão de Jesus ao céu

Então Jesus levou-os para fora da cidade, até perto de Betânia. Ali ergueu as mãos e abençoou-os. E enquanto os abençoava, afastou-se deles e foi elevado ao céu. Eles o adoraram. Em seguida voltaram para Jerusalém, com grande alegria, e estavam sempre no templo, bendizendo a Deus (Lc 24,50-53).

Reflexão

"Minha homenagem a quantos, de diversas maneiras, trabalham para que não venha a faltar o espírito de solidariedade, mas que se persevere no cuidado dos irmãos e irmãs doentes, buscando inspiração nos ideais e princípios humanos e evangélicos. Aos agentes pastorais, às associações e às organizações de voluntariado recomendo que ofereçam a sua ajuda, mediante formas e iniciativas concretas, às famílias com doentes graves para cuidar. (...) 'Vão mais para a frente!'. Esta exortação de Cristo a Pedro e aos Apóstolos, dirijo-a às Comunidades eclesiais espalhadas pelo mundo e, de modo especial, a quantos trabalham a serviço dos doentes para que, com a ajuda de Maria, Saúde dos Enfermos, deem testemunho da bondade e da solicitude paterna de Deus. A Virgem Santa conforte quantos se encontram assinalados pela enfermidade e sustente aqueles que, como o Bom Samaritano, curam as suas feridas corporais e espirituais" (Bento XVI, Mensagem para o Dia Mundial do Enfermo, 2006).

Pai-Nosso, 10 Ave-Marias, Glória.

Nossa Senhora da Saúde, rogai por nós.

3. Vinda do Espírito Santo sobre Nossa Senhora e os apóstolos

Quando chegou o dia de Pentecostes, os discípulos estavam todos reunidos no mesmo lugar. De repente, veio do céu um ruído como de um vento forte, que encheu toda a casa em que se encontravam. Então apareceram línguas como de fogo que se repartiram e pousaram sobre cada um deles. Todos ficaram cheios do Espírito Santo e começaram a falar em outras línguas, conforme o Espírito lhes concedia expressar-se. Residiam em Jerusalém judeus devotos, de todas as nações que há debaixo do céu. Quando ouviram o ruído, reuniu-se a multidão, e todos ficaram confusos, pois cada um ouvia os discípulos falar em sua própria língua. Cheios de espanto e de admiração, diziam: "Esses homens que estão falando não são todos galileus? Como é que nós os escutamos na nossa língua de origem? Nós, que somos partas, medos e elamitas, habitantes da Mesopotâmia, da Judeia e da Capadócia, do Ponto e da Ásia, da Frígia e da Panfília, do Egito e da parte da Líbia próxima de Cirene, e os romanos aqui residentes, judeus e prosélitos, cretenses e árabes, todos nós os escutamos anunciando as maravilhas de Deus em nossa própria língua!". Todos estavam pasmados e perplexos, e diziam uns aos outros: "Que significa isso?". Mas outros caçoavam: "Estão bêbados de vinho doce" (At 2,1-13).

Reflexão

"Derramado nos nossos corações, o Espírito Santo faz-nos sentir de maneira inefável o 'Deus próximo', que nos foi revelado por Cristo: 'A prova de que sois filhos é o fato de Deus ter enviado aos vossos corações o Espírito do seu Filho, que clama: Abbá, Pai!' (Gl 4,6)... No coração do homem, o Espírito Santo torna-se verdadeiro 'pai dos pobres, doador dos dons, luz dos corações'; torna-se 'dócil hóspede da alma' que traz 'repouso' ao cansaço, 'alívio' ao 'calor' do dia, 'conforto' às inquietudes, às lutas, às dores e aos perigos de cada dia. É o Espírito que dá ao coração humano a força para enfrentar as situações difíceis e para superá-las" (João Paulo II, Mensagem para o Dia Mundial do Enfermo, 1998).

Pai-Nosso, 10 Ave-Marias, Glória.

Nossa Senhora da Saúde, rogai por nós.

4. Assunção gloriosa de Maria ao céu

Apareceu no céu um grande sinal: uma mulher vestida com o sol, tendo a lua debaixo dos pés e, sobre a cabeça, uma coroa de doze estrelas. Estava grávida e gritava em dores de parto, atormentada para dar à luz. Então apareceu outro sinal no céu: um grande Dragão, avermelhado como fogo [...] O Dragão parou diante da Mulher que estava para dar à luz, pronto para devorar o seu Filho, logo que ela o desse à luz. E ela deu à luz um filho homem, que veio para governar todas as nações com cetro de ferro. Mas o filho foi levado para junto de Deus e do seu trono. A mulher fugiu para o deserto, onde Deus lhe tinha preparado um lugar, para que aí fosse alimentada durante mil duzentos e sessenta dias. Houve então uma batalha no céu: Miguel e seus anjos guerrearam contra o Dragão. O Dragão lutou, juntamente com os seus anjos, mas foi derrotado; e eles perderam seu lugar no céu. Assim foi expulso o grande Dragão, a antiga Serpente, que é chamado Diabo e Satanás, o sedutor do mundo inteiro. Ele foi expulso para a terra, e os seus anjos foram expulsos com ele. Ouvi então uma voz forte no céu, proclamando: "Agora realizou-se a salvação, a força e a realeza do nosso Deus, e o poder do seu Cristo. Porque foi expulso o acusador dos nossos irmãos, aquele que os acusava dia e noite perante nosso Deus. Eles venceram o Dragão pelo sangue do Cordeiro e pela palavra do seu próprio testemunho, pois não se apegaram à vida: até deixaram-se matar. Por isso, alegra-te, ó céu, e todos os que nele habitais. Mas ai da terra e do mar, porque o Diabo desceu para o meio de vós e está cheio de grande furor; pois sabe que lhe resta pouco tempo. Quando viu que tinha sido expulso para a terra, o

Dragão começou a perseguir a Mulher que tinha dado à luz o menino. Mas a Mulher recebeu as duas asas da grande águia e voou para o deserto, para o lugar onde é alimentada, por um tempo, dois tempos e meio tempo, bem longe da Serpente. A Serpente, então, vomitou como um rio de água atrás da Mulher, a fim de a submergir. A terra, porém, veio em socorro da Mulher: abriu a boca e engoliu o rio que o Dragão tinha vomitado. Cheio de raiva por causa da Mulher, o Dragão começou a combater o resto dos filhos dela, os que observam os mandamentos de Deus e guardam o testemunho de Jesus. E parou à beira do mar (Ap 12,1-18).

Reflexão

"Nas minhas peregrinações ao Santuário dedicado à Virgem de Loreto, sempre me senti muito próximo dos doentes que, confiantes, acorrem aqui em grande número. Onde poderiam eles ser mais bem acolhidos, senão na casa daquela que as 'ladainhas' nos fazem invocar como 'saúde dos enfermos' e 'consoladora dos aflitos'? Loreto harmoniza-se bem com a tradição de amorosa atenção da Igreja por quantos sofrem no corpo e no espírito. E esse encontro oferece a todos a oportunidade de deter-se em recolhimento profundo diante dessa Casa Santa, ícone de um evento e de um mistério fundamental como a Encarnação do Verbo, para acolher a luz e a força do Espírito que transforma o coração do homem em uma morada de esperança. Cristo não veio para tirar os nossos sofrimentos, mas para compartilhá-los e, assumindo-os, lhes conferiu um valor salvífico: tornando-se partícipe da condição humana, com os seus limites e as suas dores, Ele a redimiu" (João Paulo II, Mensagem para o Dia Mundial do Enfermo, 1998).

Pai-Nosso, 10 Ave-Marias, Glória.
Nossa Senhora da Saúde, rogai por nós.

5. Maria é coroada Rainha do céu e da terra

Maria então disse: "A minha alma engrandece o Senhor, e meu espírito se alegra em Deus, meu Salvador, porque ele olhou para a humildade de sua serva. Todas as gerações, de agora em diante, me chamarão feliz, porque o Poderoso fez para mim coisas grandiosas. O seu nome é santo, e sua misericórdia se estende de geração em geração sobre aqueles que o temem. Ele mostrou a força de seu braço: dispersou os que têm planos orgulhosos no coração. Derrubou os poderosos de seus tronos e exaltou os humildes. Encheu de bens os famintos, e mandou embora os ricos de mãos vazias. Acolheu Israel, seu servo, lembrando-se de sua misericórdia, conforme prometera a nossos pais, em favor de Abraão e de sua descendência, para sempre'" (Lc 1,46-55).

Reflexão

"Declarando-se serva do Senhor, Maria sabe que se coloca também a serviço do seu amor pelos homens. Maria nos ajuda a compreender que a aceitação incondicionada da soberania de Deus põe o homem em atitude de completa disponibilidade. Desta forma, a Virgem torna-se o ícone da atenção vigilante e da compaixão por quem sofre. Significativamente, depois de ter escutado com generosidade a mensagem do Cordeiro, vai às pressas servir Isabel. Mais tarde há de captar na situação embaraçosa dos esposos em Caná, o apelo a intervir em sua ajuda, tornando-se assim reflexo eloquente do amor de Deus. O serviço da Virgem encontrará a máxima manifestação na participação, no sofrimento e na morte do Filho quando, ao pé da cruz, receberá a missão de Mãe da Igreja. Olhando para ela, Saúde dos Enfermos, muitos cristãos no decurso dos séculos aprenderam a revestir de ternura materna a sua assistência aos doentes e idosos" (João Paulo II, Mensagem para o Dia Mundial do Enfermo, 1998).

Pai-Nosso, 10 Ave-Marias, Glória.

Nossa Senhora da Saúde, rogai por nós.

ORAÇÕES PELOS ENFERMOS

Oração ao Espírito Santo para pedir a saúde

Divino Espírito Santo, Criador e renovador de todas as coisas, vida da minha vida! Com Maria Santíssima, eu vos adoro, agradeço e amo!

Vós que dai vida a todo o universo, conservai em mim a saúde. Livrai-me de todas as doenças e de todo o mal!

Ajudado com a vossa graça, quero usar sempre minha saúde, empregando minhas forças para a glória de Deus, para o meu próprio bem e para o bem de todas as pessoas.

Peço-vos, ainda, que ilumineis, com vossos dons de sabedoria e ciência, os médicos e todos os que se ocupam dos doentes, para que conheçam a verdadeira causa dos males que destroem ou ameaçam a vida, e possam também descobrir e aplicar os remédios mais eficazes para defender a vida e curá-la.

Virgem Santíssima, Mãe da Vida e Saúde dos enfermos, sede mediadora nesta minha humilde oração! Vós que sois a Mãe de Deus e nossa Mãe, intercedei por nós. Amém.

Oração a Nossa Senhora da Saúde

Ó Virgem puríssima, que sois a Saúde dos enfermos, o Refúgio dos pecadores, a Consoladora dos aflitos e Despenseira de todas as graças, na minha fraqueza e no meu desânimo, apelo, hoje, para os tesouros da vossa misericórdia e bondade. E atrevo-me a chamar-vos pelo doce nome de Mãe. Sim, ó Mãe, atendei-me em minha enfermidade, dai-me a saúde do corpo para que possa cumprir os meus deveres com ânimo e alegria e com a mesma disposição sirva o vosso Filho Jesus e agradeça a vós, Saúde dos enfermos. Nossa Senhora da Saúde, rogai por nós. Amém.

Oração a Nossa Senhora da Consolação

Lembrai-vos, ó puríssima Virgem Maria da consolação, do poder ilimitado que vos deu vosso divino Filho, Jesus. Cheio de confiança na onipotência de vossa intercessão, venho implorar o vosso auxílio. Tendes em vossas mãos a fonte de todas as graças que brotam do Coração amabilíssimo de Jesus Cristo; abri-a em meu favor, concedendo-me a graça que ardentemente vos peço. Sois minha Mãe; sois a Soberana do Coração do Filho de Deus. Atendei, pois, benignamente a minha súplica; volvei sobre mim vossos olhos misericordiosos e alcançai-me a graça *(fazer o pedido)* que agora vos peço. Amém.

Oração para todos os doentes

Senhor, vós que miraculosamente operastes tantas curas, olhai com amor para os enfermos do mundo inteiro. Permiti-nos que vos apresentemos esses doentes, como outrora eram apresentados aqueles que, necessitados, solicitavam o vosso auxílio quando vivíeis nesta terra:

Aqueles que desde muito tempo são provados pela doença e não veem o fim de sua provação;

Os que subitamente ficaram paralisados pela enfermidade e tiveram que renunciar às suas atividades e ao seu trabalho;

Os que têm encargos de família e não conseguem mais responder por eles, por causa de seu estado de saúde;

Os que sofrem em seu corpo ou em sua alma de alguma doença que os entristece;

Os deprimidos por seus desgastes de saúde e cuja coragem precisa ser reerguida;

Os que não têm nenhuma esperança de cura e que sentem declinar suas forças;

Todos os doentes que amais, todos os que reclamam o vosso apoio e a melhora de seu estado;

Todos aqueles cujos corpos feridos se tornam semelhantes ao vosso corpo imolado sobre a cruz.

Senhor, confortai com vossa graça todos esses doentes. Fazei que nenhum deles fique sem nossa visita, sem nosso amparo, sem nossa palavra de conforto. E quando formos provados pela doença, fazei que saibamos unir nossas dores à vossa cruz.

Deus, nosso Pai, ajudai-nos a lutar para terminar com os sofrimentos causados pela injustiça e pela maldade dos homens. Amém.

Pai-Nosso, Ave-Maria e Glória.

Oração para uma criança doente

Deus, para quem tudo cresce e de quem tudo o que cresce recebe firmeza, estendei a vossa mão sobre este vosso filho (esta vossa filha) doente em sua pouca idade, para que, recuperando o vigor da saúde, possa chegar à idade madura, servindo-vos sem cessar, ao longo dos seus dias, com fidelidade e gratidão. Por Cristo, nosso Senhor.

Pai-Nosso, Ave-Maria e Glória.

Coleção Nossas Devoções

- *A Senhora da Piedade*. Setenário das dores de Maria – Aparecida Matilde Alves
- *Dulce dos Pobres*. Novena e biografia – Marina Mendonça
- *Frei Galvão*. Novena e história – Pe. Paulo Saraiva
- *Imaculada Conceição*. Novena ecumênica – Francisco Catão
- *Jesus, Senhor da vida*. Dezoito orações de cura – Francisco Catão
- *João Paulo II*. Novena, história e orações – Aparecida Matilde Alves
- *João XXIII*. Biografia e novena – Marina Mendonça
- *Maria, Mãe de Jesus e Mãe da humanidade*. Novena e coroação de Nossa Senhora – Aparecida Matilde Alves
- *Menino Jesus de Praga*. História e novena – Giovanni Marques
- *Nhá Chica*. Novena, história e orações – Aparecida Matilde Alves
- *Nossa Senhora Achiropita*. Novena e biografia – Antonio S. Bogaz e Rodinei Thomazella
- *Nossa Senhora Aparecida*. História e novena – Maria Belém
- *Nossa Senhora da Cabeça*. História e novena – Mario Basacchi
- *Nossa Senhora da Luz*. Novena e história – Maria Belém
- *Nossa Senhora da Penha*. Novena e história – Maria Belém
- *Nossa Senhora da Salete*. História e novena – Aparecida Matilde Alves
- *Nossa Senhora das Graças ou Medalha Milagrosa*. Novena e origem da devoção – Mario Basacchi
- *Nossa Senhora de Caravaggio*. História e novena – Pe. Volmir Comparin e Dom Leomar Antônio Brustolin
- *Nossa Senhora de Fátima*. Novena – Tarcila Tommasi
- *Nossa Senhora de Guadalupe*. Novena e história das aparições a São Juan Diego – Maria Belém
- *Nossa Senhora de Lourdes.* – Tarcila Tommasi
- *Nossa Senhora de Nazaré*. Novena e história – Maria Belém
- *Nossa Senhora Desatadora dos Nós*. História e novena – Frei Zeca
- *Nossa Senhora do Bom Parto*. Novena e reflexões bíblicas – Mario Basacchi
- *Nossa Senhora do Carmo*. Novena e história – Maria Belém
- *Nossa Senhora do Desterro*. História e novena – Celina H. Weschenfelder

- *Nossa Senhora do Perpétuo Socorro*. História e novena – Mario Basacchi
- *Nossa Senhora Rainha da Paz*. História e novena – Celina Helena Weschenfelder
- *Novena à Divina Misericórdia*. Santa Maria Faustina Kowaslka, história e orações – Tarcila Tommasi
- *Novena a Nossa Senhora de Lourdes* – Tarcila Tommasi
- *Novena das Rosas*. História e novena a Santa Teresinha do Menino Jesus – Aparecida Matilde Alves
- *Novena em honra ao Senhor Bom Jesus* – Pe. José Ricardo Zonta
- *Ofício da Imaculada Conceição*. Orações, hinos e reflexões – Cristóvão Dworak
- *Orações do cristão*. Preces diárias – Celina H. Weschenfelder (org.)
- *Padre Pio*. Novena e história – Maria Belém
- *Paulo, homem de Deus*. Novena de São Paulo, Apóstolo – Francisco Catão
- *Reunidos pela força do Espírito Santo*. Novena de Pentecostes – Tarcila Tommasi
- *Rosário por uma transformação espiritual e psicológica* – Gustavo E. Jamut
- *Rosário dos enfermos* – Aparecida Matilde Alves
- *Sagrada face*. História, novena e devocionário – Giovanni Marques
- *Sagrada Família*. Novena – Pe. Paulo Saraiva
- *Sant'Ana*. Novena e história – Maria Belém
- *Santa Cecília*. Novena e história – Frei Zeca
- *Santa Edwiges*. Novena e biografia – J. Alves
- *Santa Filomena*. História e novena – Mario Basacchi
- *Santa Joana d'Arc*. Novena e biografia – Francisco de Castro
- *Santa Luzia*. Novena e biografia – J. Alves
- *Santa Maria Goretti*. História e novena – Pe. José Ricardo Zonta
- *Santa Paulina*. Novena e biografia – J. Alves
- *Santa Rita de Cássia*. Novena e biografia – J. Alves
- *Santa Teresa de Calcutá*. Biografia e novena – Celina H. Weschenfelder

- *Santa Teresinha do Menino Jesus*. Novena e biografia – Mario Basacchi
- *Santo Afonso de Ligório*. Novena e biografia – Mario Basacchi
- *Santo Antônio*. Novena, trezena e responsório – Mario Basacchi
- *Santo Expedito*. Novena e dados biográficos – Francisco Catão
- *São Benedito*. Novena e biografia – J. Alves
- *São Bento*. História e novena – Francisco Catão
- *São Brás*. História e novena – Celina H. Weschenfelder
- *São Cosme e São Damião*. Biografia e novena – Mario Basacchi
- *São Cristóvão*. História e novena – Pe. Mário José Neto
- *São Francisco de Assis*. Novena e biografia – Mario Basacchi
- *São Geraldo Majela*. Novena e biografia – J. Alves
- *São Guido Maria Conforti*. Novena e biografia – Gabriel Guarnieri
- *São José*. História e novena – Aparecida Matilde Alves
- *São Judas Tadeu*. História e novena – Maria Belém
- *São Marcelino Champagnat*. Novena e biografia – Ir. Egídio Luiz Setti
- *São Miguel Arcanjo*. Novena – Francisco Catão
- *São Pedro, Apóstolo*. Novena e biografia – Maria Belém
- *São Roque*. Novena e biografia – Roseane Gomes Barbosa
- *São Sebastião*. Novena e biografia – Mario Basacchi
- *São Tarcísio*. Novena e biografia – Frei Zeca
- *São Vito, mártir*. História e novena – Mario Basacchi
- *Tiago Alberione*. Novena e biografia – Maria Belém

NOSSAS DEVOÇÕES
(Origem das novenas)

De onde vem a prática católica das novenas? Entre outras, podemos dar duas respostas: uma histórica, outra alegórica.

Historicamente, na Bíblia, no início do livro dos Atos dos Apóstolos, lê-se que, passados quarenta dias de sua morte na Cruz e de sua ressurreição, Jesus subiu aos céus, prometendo aos discípulos que enviaria o Espírito Santo, que lhes foi comunicado no dia de Pentecostes.

Entre a ascensão de Jesus ao céu e a descida do Espírito Santo, passaram-se nove dias. A comunidade cristã ficou reunida em torno de Maria, de algumas mulheres e dos apóstolos. Foi a primeira novena cristã. Hoje, ainda a repetimos todos os anos, orando, de modo especial, pela unidade dos cristãos. É o padrão de todas as outras novenas.

A novena é uma série de nove dias seguidos em que louvamos a Deus por suas maravilhas, em particular, pelos santos, por cuja intercessão nos são distribuídos tantos dons.

Alegoricamente, a novena é antes de tudo um ato de louvor ao Pai, ao Filho e ao Espírito Santo, Deus três vezes Santo. Três é número perfeito. Três vezes três, nove. A novena é louvor perfeito à Trindade. A prática de nove dias de oração, louvor e súplica confirma de maneira extraordinária nossa fé em Deus que nos salva, por intermédio de Jesus, de Maria e dos santos.

O Concílio Vaticano II afirma: "Assim como a comunhão cristã entre os que caminham na terra nos aproxima mais de Cristo, também o convívio com os santos nos une a Cristo, fonte e cabeça de que provêm todas as graças e a própria vida do povo de Deus" (*Lumen Gentium*, 50).

Nossas Devoções procura alimentar o convívio com Jesus, Maria e os santos, para nos tornarmos cada dia mais próximos de Cristo, que nos enriquece com os dons do Espírito e com todas as graças de que necessitamos.

Francisco Catão

Rua Dona Inácia Uchoa, 62
04110-020 – São Paulo – SP (Brasil)
Tel.: (11) 2125-3500
http://www.paulinas.com.br – editora@paulinas.com.br
Telemarketing e SAC: 0800-7010081